¡REUTILÍZALO!

Marla Conn y Alma Patricia Ramirez

Rourke
Educational Media

A Division of
Carson Dellosa Education

Glosario de fotografías

 botella

 caja

 lata

 frasco

 rollo

 llanta

Palabras usadas con más frecuencia:

- podemos
- es
- no

- reutilizarlo
- este
- basura

- reutilizarla

Este **rollo** no es basura.

rollo

Podemos reutilizarlo.

Este **frasco** no es basura.

frasco

Podemos reutilizarlo.

Esta **lata** no es basura.

lata

Podemos reutilizarla.

Esta **llanta** no es basura.

llanta

Podemos reutilizarla.

Esta **botella** no es basura.

Podemos reutilizarla.

Esta **caja** no es basura.

caja

14

Podemos reutilizarla.

Actividad

1. Vuelve a leer la historia con un compañero.

2. Habla de los objetos en la historia que se pueden reutilizar. Da ejemplos de cómo usar y reutilizar estas cosas.

3. Habla de las diferentes maneras en las que puedes reutilizar los artículos en las fotografías de abajo.

4. Crea un cartel que le diga a las personas en la comunidad de tu escuela que reutilicen y reciclen.